AF336158

L7
k
3521

UN PÈLERINAGE A LA SALLETTE.

Lyon. Imprimerie de GIRARD et JOSSERAND, rue St-Dominique, 13½.

UN PÈLERINAGE

A

LA SALLETTE.

LYON,

GIRARD ET JOSSERAND, IMPRIMEURS-LIBRAIRES,

Place Bellecour, 21.

1852.

UN PÈLERINAGE A LA SALLETTE.

Le dimanche 19 septembre 1852 était le sixième anniversaire de l'apparition miraculeuse de la sainte Vierge sur la montagne de la Sallette. Je parcourais alors, moi quatrième, les environs de Grenoble; l'attrait d'une curiosité pieuse nous poussa vers ce lieu devenu célèbre, et de touristes nous devînmes pèlerins. C'est ce pèlerinage dont j'esquisse aujourd'hui l'itinéraire et dont je retrace les impressions. Modeste narrateur, je me garderai bien de soulever la question brûlante qui se rattache au degré de foi que l'on doit à ce miracle; cette discussion appartient à des plumes plus saintes et plus compétentes que la mienne. Je me bornerai simplement à indiquer l'ensemble religieux et poétique d'un grand et solennel spectacle, à redire les émotions inévitables qu'il inspire au cœur d'un chrétien.

Le sentiment qui nous conduisait se résume parfaitement dans les paroles prononcées au départ par l'un de mes compagnons, homme de cœur et d'intelligence :

« J'admire, nous disait-il, tout ce qui tient à la religion, et je me plais aux grands exemples qu'elle offre. Il sera beau, dans le temps de doute et d'indifférence religieuse où nous vivons, il sera consolant de voir une de ces scènes renouvelées des plus beaux siècles de la foi catholique. Quel enseignement que ces milliers de pauvres pèlerins, laissant tout, famille, affaires, plaisirs, préoccupations mondaines, et franchissant de longues distances, souvent au prix de la faim, de la soif et de la fatigue, pour venir vénérer les traces du pas de Marie sur un rocher désert ! »

Une distance de 63 kilomètres sépare Grenoble de Corps, chef-lieu du canton où se trouve situé le village de la Sallette, sur la limite des départements de l'Isère et des Hautes-Alpes. On peut faire cette route au moyen de la diligence qui dessert Grenoble et Gap, mais je conseille vivement aux voyageurs qui se trouvent au nombre de trois ou quatre de préférer à ce mode de transport incommode un autre parti tout aussi économique et mille fois plus agréable. Il consiste à choisir une de ces calèches de louage si communes à Grenoble, avec laquelle vous pouvez avoir toute liberté de temps, d'action et de mouvement, avec laquelle vous dépendez non plus d'une administration, mais de vous-mêmes ; avantage inappréciable lorsque la route que vous suivez traverse un pays aussi pittoresque et aussi accidenté que celui qui s'étend de la capitale du Dauphiné aux confins des Hautes-Alpes.

C'est ainsi que nous partîmes le 18 septembre par une belle matinée et un soleil radieux. Depuis la porte de Bonne jusqu'à notre arrivée, ce voyage fut un enchantement continuel; on ne se lasse pas d'admirer la série de paysages tour à tour gracieux et grandioses qui s'offrent aux regards. Voici d'abord les rives de l'Isère avec les charmantes maisons de campagne qui s'échelonnent sur leurs coteaux, puis les bords du Drac et de la Romanche, dont l'eau torrentueuse roule entre deux chaînes de montagnes. Vient ensuite Vizille avec son magnifique château et son parc immense tout pleins encore du souvenir des Lesdiguières. Mais c'est ce bourg une fois dépassé que vous êtes surpris par l'un des plus splendides panoramas que puisse rêver l'imagination humaine; il suffit à vous faire trouver bien courte la rude montée de Laffrey, qu'il faut gravir pendant l'espace de six kilomètres. A vos pieds, au fond d'un précipice de deux ou trois cents mètres, se déroule cette vaste et admirable vallée en tête de laquelle Vizille est bâti comme une sentinelle avancée, fertile et verte vallée, toute pleine de riches productions et semée de riants vergers. Derrière vous se dressent les montagnes d'Allevard et de la Savoie ; votre gauche est dominée par les pics gigantesques du Briançonnais, dont la tête neigeuse projette au loin les lumineux reflets du soleil ; votre droite s'appuie à des monts tapissés de forêts, sur le flanc desquels la route est taillée comme une corniche dans le roc, piédestal de près de deux lieues, du haut duquel le voyageur peut contempler à loisir ce ravissant spectacle.

Nous avons admiré, comme un précieux joyau perdu au sein de ces magnificences, une petite chapelle *romane* très-caracté-

ristique, perchée sur le bord d'un mamelon
qui domine à pic la vallée. Cette œuvre ar-
tistique, édifiée jadis avec amour par la
main de l'homme, est maintenant abandon-
née par lui ; la solitude et le silence y rè-
gnent, les murs sont livrés au lierre et aux
plantes parasites, la nef gracieuse est le
refuge des chauves-souris et des chouettes.
Le peu de renseignements que nous avons
pu recueillir sur le passé de cette ruine
nous ont appris qu'elle dépendait d'une
commanderie ; était-ce une commanderie
de l'ordre de Saint-Jean de Jérusalem ou
de l'ordre de Malte ? Je l'ignore ; mais je
l'attribuerais plutôt au premier, vu le ca-
ractère primitif de l'architecture.

Au village de Laffrey, célèbre par le
souvenir de la défection de Labédoyère,
nous vîmes incrustée dans le mur d'une

maison l'inscription sur marbre noir qui rappelle l'entrée de Napoléon en 1815 et les paroles fameuses qu'il adressa aux soldats envoyés pour arrêter sa marche.

Un peu plus loin miroitait au soleil l'eau pure et limpide des lacs de Laffrey. Ils occupent à la suite les uns des autres, en forme de chapelet, une étendue d'une lieue, et sont séparés entre eux par des langues de terre. Le plateau élevé où ils reposent est entouré de pentes vertes et garnies d'une fine pelouse ; ce site a quelque chose de grave, de calme et de silencieux comme les paysages écossais.

La Mûre n'est remarquable que par la beauté de ses environs et par les débris d'un mur d'enceinte annonçant que cette petite ville a dû être autrefois très-bien fortifiée. On signale près d'elle de très-belles carrières de marbre que nous n'eûmes point le loisir de visiter.

Au sortir de cette ville, la route offre un de ces caprices que les ingénieurs modernes ont rendus fréquents dans les pays de montagnes ; elle se dessine autour d'une côte horriblement escarpée en lacets tellement multipliés, que, vus d'en bas, ils font l'effet d'une échelle gigantesque appliquée aux flancs de la montagne. La pente est néanmoins rapide, et l'on éprouve une impression d'effroi involontaire lorsqu'on se sent emporté sur ces dangereux échelons, hors desquels la moindre impulsion donnée à faux vous précipiterait dans l'abîme épouvantable que vous cotoyez.

De cet endroit jusqu'à Corps, vous entrez, pour ne plus la quitter, dans la nature sauvage, sévère et majestueuse des grandes montagnes. Ce sont les Alpes avec leurs aspects variés et saisissants, avec leurs grandes harmonies ou leurs silences éloquents, leur air pur et léger, qui vivifie, rajeunit, et porte avec lui l'oubli et l'espérance. Nous trouvâmes tour à tour des gorges profondes resserrées entre des montagnes abruptes, et de pittoresques vallées couvertes de troupeaux et ombragées de châtaigniers séculaires. Nous entendîmes les torrents mugir au fond des précipices; nous vîmes les forêts de pins se balancer au dessus de nos têtes, et les hauts sommets se parer de rose, d'or et d'azur, dans les teintes indécises du crépuscule.

De toute part, aux approches de Corps, la route était émaillée de pèlerins, braves gens qui ne sentaient plus la fatigue au moment d'atteindre le but. Quelques uns étaient venus avec leurs mulets ou leurs ânes, le plus grand nombre cheminait à pied, et plus d'un, pour ne pas user ses souliers par une longue marche, les avait mis au bout d'un bâton.

Il était nuit quand nous arrivâmes à Corps. Notre premier soin fut de chercher un gîte et un souper, ce qui n'était pas chose facile à cause de l'énorme affluence des voyageurs. La longue et unique rue du bourg était encombrée de voitures, charrettes et véhicules de toute espèce, qui passaient la nuit à la belle étoile, faute de place dans les remises. L'hôtel de la Poste, le plus brillant de la localité, où nous cherchâmes fortune, regorgeait d'étrangers; il n'y restait plus un seul lit pour nous quatre. Par bonheur, les principaux habitants avaient mis une partie de leur logement à la disposition de l'hôtelier, qui, de cette façon, nous procura un lit chez M. le maire et un autre chez le receveur de l'enregistrement. Après un maigre souper, disputé à la pointe de la fourchette aux nombreux convives qui faisaient main-basse sur la cuisine, chacun de nous gagna son gîte avec son camarade de lit, maugréant d'avance contre la mauvaise nuit qu'il allait passer, mais un peu consolé en songeant qu'il recevait l'hospitalité d'un fonctionnaire. Ma bonne étoile me gratifia de celle du maire, et ce magistrat, digne d'être né Ecossais, nous attendit dans la chambre qu'il nous avait préparée, afin de nous souhaiter la bienvenue. Après maints compliments gracieux échangés, nous nous étendîmes dans un vaste lit où quatre personnes eussent dormi à l'aise, orné de sculptures grossières et de pieds contournés en spirale, garni de monumentaux rideaux de serge dont la couleur était devenue un mythe. Ces détails nous mirent en un clin d'œil au fait de la haute antiquité de cette couche de famille, dans laquelle avant nous plus d'une génération sans doute était née, avait dormi et s'était éteinte.

A trois heures du matin, nous étions debout et nous organisions une caravane pour effectuer l'ascension de la Sallette. Quelques pèlerins s'étaient joints à nous, et deux braves garçons se chargèrent de nos provisions de bouche ; car ceux qui vont visiter ce désert reculé doivent prendre leurs précautions, sans quoi ils risqueraient fort d'y jeûner tout à l'aise, à moins que le bon Dieu ne voulût bien y renouveler le miracle de la manne. Trois heures de bonne marche séparent le bourg de Corps de la montagne consacrée par l'apparition ; en fait de route, on ne trouve que des sentiers irrégulièrement pratiqués ; passables pendant l'espace d'une lieue, ils tombent ensuite à l'état de chimère, et le voyageur pédestre qui a reculé devant le luxe d'un mulet doit se résigner à imiter l'exemple et l'agilité des chèvres qu'il voit gambader autour de lui.

Rien de plus curieux et de plus touchant que le spectacle offert à nos yeux dès que l'aube parut. La pelouse de la route était çà et là constellée de petites caravanes ; la sérénité de la foi brillait sur toutes les figures ; beaucoup récitaient le chapelet, d'autres chantaient en chœur des cantiques. Sur les montures qui suivaient les piétons étaient hissés des malades qui venaient demander la santé au sanctuaire de Marie, et le regard était égayé par l'aspect des couleurs vives et bariolées des vêtements que portent les femmes des montagnes , et qui resplendissaient aux rayons du soleil levant.

Au demeurant, ils sont tristes et mornes les sites que l'on contemple le long de cette route ; nous ne retrouvions plus les splendeurs et les magnificences de la veille ; de grandes montagnes sans bois et sans ombres, terminées par des pitons nus et décharnés, des pâturages monotones, quelques torrents à moitié desséchés, voilà ce que nous aperçûmes sur notre chemin. Cependant , cette nature porte avec elle quelque chose de grave, de solitaire et de profondément recueilli ; on comprend à son aspect que la reine des anges ait pu choisir ces sommets pour piédestal d'une apparition.

Jéhovah de la terre a consacré les cimes,

a dit l'auteur des *Harmonies*, et nulle part cette consécration ne semble plus naturelle que sur les monts de la Sallette.

La Sallette ! voilà le nom de la commune où se trouve la montagne témoin du miracle. Comme certains villages alpestres, elle comprend une très-grande étendue et se divise en cinq ou six hameaux très-éloignés les uns des autres et groupés çà et là entre les anfractuosités des montagnes. Chacun d'eux porte un nom distinct, et c'est sur le territoire de celui qu'on désigne sous la dénomination de *Fallavaux* que le grand évènement s'est accompli.

Il est bon de noter en passant, pour les pèlerins timides qui redoutent le vertige au bord des précipices, que l'ascension de la Sallette n'offre aucun danger de ce genre ; les *dressières* (sentiers en style du pays) qui conduisent au lieu du pèlerinage sont pénibles, mais nullement périlleuses ; le pied n'effleure jamais le vide, et l'on est toujours à une distance assez forte de l'abîme.

Il était huit heures du matin quand nous atteignîmes au but. Nous étions harassés, haletants ; mais nous fûmes bien dédommagés par le tableau qui frappa nos yeux.

Qu'on se figure un creux, une espèce d'entonnoir, ou, si l'on veut, un vallon situé entre les pitons de trois ou quatre montagnes ; qu'on se représente cet espace tapissé de beaux pâturages, et, au milieu, une source dont l'eau courante va former un ruisseau, source autrefois intermittente, dit-on, et qui depuis l'apparition n'a cessé de couler, et votre imagination aura saisi le cadre où se mouvait la scène touchante et animée dont nous fûmes témoins. Sur ce coin de terre ignoré du monde était déjà réunie une foule de dix à douze mille personnes ; l'air vous apportait le bruit des chants pieux, des prières faites en commun, et le son de la cloche retentissante qui annonçait aux fidèles le commencement des messes. Sur la droite s'élevait une humble cabane en planches grossièrement équarries : c'est l'église provisoire ; depuis deux heures du matin, les prêtres accourus de tous pays ne cessaient d'y offrir tour à tour le divin sacrifice, et pourtant ils ne suffisaient pas à communier cette foule pieuse , avide du pain des forts. Attenante à la chapelle se trouve une autre baraque. dont les cloisons grossières servent d'asile également provisoire au clergé qui dessert le pèlerinage. Dans une des salles de cette hutte était dressée une table couverte de mets plus que modestes , mais abondants, autour de laquelle s'exerçait une large hospitalité ; on invitait les ecclésiastiques présents à s'y asseoir, et le premier laïque venu pouvait y demander une place qu'on lui accordait avec la plus cordiale aménité et le plus entier désintéressement. Plus loin, sur la gauche, on aperçoit les murs commencés de la belle église dont on a posé la première pierre au printemps ; on la construit dans un style mixte où l'époque

romane domine , mais avec addition d'autres genres, et, malgré ce manque de pu-
reté dans l'architecture , l'ensemble de
l'édifice sera beau et imposant, à en juger
par le *specimen* dessiné que nous en avons
eu entre les mains. A côté de la future
église se bâtit en même temps le vaste
presbytère destiné au logement des mis-
sionnaires et qui servira d'hospice pour les
pèlerins. Derrière ces constructions, aux-
quelles on travaille avec activité, se trouve
encore une grande cabane : c'est la seule
et très-imparfaite hôtellerie que possède
actuellement le pèlerinage ; le voyageur
y couche sur la paille et y mange à l'ave-
nant. Inutile de dire que la solennité de
l'anniversaire y amenait une quantité exu-
bérante de chalands, et les appétits ro-
bustes , aiguisés par l'air vif du matin, ont

eu sans doute de la peine à s'y satisfaire.
Une chose me frappa surtout, c'était une
colossale marmite où chauffait un bouillon
extrait de quartiers de viande homéri-
ques; ceux qui avaient des écuelles ou
autres récipients de ce genre y venaient
tour à tour les remplir, et ce fut ou jamais
le cas de dire qu'ils prenaient leur soupe à
la fortune du pot.

Tout à l'entour de ces bâtisses et de
ces campements s'échelonnaient les échop-
pes d'industriels de toute espèce, mar-
chands de pain, de vin et de comestibles,
magasins de médailles, d'images, de cantiques, de relations et de chapelets. Si
ces braves gens ont fait de beaux bénéfices,
ils se sont rattrapés sur la quantité, car
leur marchandise n'était pas chère. La
multitude circulait autour de ces boutiques

en plein vent, et c'était un curieux tableau que ces pèlerins venus de tous pays. Plusieurs d'entre eux n'avaient pas craint d'endosser le costume traditionnel, la robe de bure, le bourdon et les coquillages au chapeau. L'un d'eux surtout, Piémontais à la longue figure creuse et ridée, encadrée d'une grande barbe grisonnante, portait un accoutrement qui eût tenté à coup sûr le pinceau de Rembrandt ou le crayon fantasque de Callot.

Comme il était littéralement impossible que tout ce peuple, uni dans une même pensée, entendît la messe dans l'étroite enceinte de la chapelle, on avait pris soin d'édifier dès le matin, à mi-coteau d'une pente qui domine le saint vallon, un autel en plein air que plusieurs dames pieuses s'ingéniaient à orner avec le plus de luxe possible ; il est vrai que les éléments de ce luxe étaient bien modestes : quelques fleurs des montagnes, des guirlandes de bruyère et du linge éclatant de blancheur en faisaient tous les frais. La grand'messe générale fut fixée à dix heures, et nous profitâmes du temps qui nous en séparait pour prendre notre déjeûner. On déballa sur l'herbe les vivres et les provisions qui nous avaient suivis, et chaque membre de la caravane en prit sa part avec un appétit assaisonné par la joie sans mélange qui débordait dans tous les cœurs. Comme aux agapes des premiers chrétiens, les mets étaient mis en commun ; tel qui était muni de viande la troquait contre un morceau de fromage, tel autre qui portait de belles poires dans son bissac les partageait en échange d'un morceau de beau pain blanc.

De temps à autre passaient de bons vieux mendiants qui venaient timidement demander une miette du festin ; alors on leur coupait un morceau de pain qu'on accompagnait de quelque mets un peu moins frugal ; ils paraissaient bien heureux, et jamais aussi humble aumône ne fut donnée avec un plaisir aussi grand.

Enfin la cloche donna le signal de la grand'messe : ce fut un instant solennel ; un silence majestueux se fit soudain parmi ces milliers de pèlerins épars sur la montagne, et tous vinrent se grouper sur les rampes de l'amphithéâtre naturel que la nature formait autour de l'autel primitif. A la vue de ce peuple immense agenouillé, tête nue, au sein de ces grandes solitudes, sous un beau ciel de septembre, il passa dans mon être un indéfinissable frisson ;

je ressentis cette émotion surhumaine qu'engendre l'idée de l'infini; je me crus soudain transporté à ces grandes scènes d'un autre âge où un Pierre l'Ermite et un saint Bernard apportaient la parole divine aux masses avides qui se suspendaient à leurs lèvres. Je crus aussi revoir le peuple de Judée, venant écouter sur la montagne les enseignements célestes du Messie. On peut défier le plus sceptique ou le plus hostile de ne pas croire au moins à la beauté de la religion en présence de pareilles choses; je me trompe cependant, j'en ai vu de mes yeux. A dix pas de moi, j'ai vu trois ou quatre petits jeunes gens presque imberbes qui, l'air crâne et moqueur, n'ont pas daigné se découvrir ni ôter le cigare de leur bouche pendant toute la première partie de la messe; mais ils eurent assez de pudeur pour se retirer à l'approche de l'élévation, autrement plus d'un assistant, outré déjà de leur conduite, leur eût fait un mauvais parti. C'étaient peut-être de jeunes esprits forts qui avaient puisé l'horreur de la superstition aux cours de MM. Michelet et Quinet.

La messe était dite par M. l'abbé Rousselot, chanoine de Grenoble; M. l'abbé Sibyllin se chargea de porter la parole de Dieu à ce peuple attentif. Ce fut un bien beau moment, un moment que je me rappellerai toute ma vie, que celui où cet apôtre, élevant sa voix puissante et pénétrée, vint émouvoir et transporter ces masses frémissantes. O saint prêtre, prêtre de génie! heureux suis-je d'avoir entendu vos grandes paroles dites si simplement! heureux suis-je d'avoir contemplé votre visage illuminé par l'esprit de Dieu! Vous aviez bien l'éloquence du cœur, celle qui vient d'en haut; vous avez dit de ces choses qui remuent les hommes jusqu'au fond des entrailles; vous ravissiez au niveau de votre pensée tous les auditeurs qui vous écoutaient, jusqu'aux plus humbles, car vous aviez cet accent inspiré qui éclaire les intelligences! Vous avez été un magnifique tribun, mais un de ces tribuns comme les fait Dieu, forts et irrésistibles dans l'arène, doux et modestes dans le silence!

Et lorsque le prêtre prononça la formule divine de la consécration, lorsque ces milliers de têtes se courbèrent à la fois devant le Dieu vivant, oh! ce fut alors quelque chose d'inouï et de sublime, quelque chose qui n'a pas de nom, et la plume s'arrête, impuissante à l'exprimer.

La messe finie, les officiants et l'assistance firent processionnellement le tour de l'enceinte sacrée où la sainte Vierge se montra; puis chacun se dispersa, et, sous le coup de l'impression qui dominait toutes les âmes, vint fouler pieusement cette terre bénie, témoin du miracle.

C'est ici, vers cette fontaine, nous disait-on, que la *Dame* vint parler aux petits bergers; voici le chemin qu'elle suivit pour monter jusqu'à cette petite éminence; son pied ne touchait pas la terre, et c'est là qu'elle disparut évanouie au sein d'un nuage lumineux.

Nous accomplîmes avec bonheur chacune de ces pieuses stations, et nous contemplâmes longuement cette terre du prodige. Je n'irai pas agrandir ce récit déjà trop long par la relation des faits qui se rattachent à l'apparition de la Sallette; j'ai déjà dit que je me suis fait l'historien de nos émotions et non du miracle. Ceux qui désirent en connaître l'historique n'ont qu'à lire l'ouvrage de M. l'abbé Rousselot et quelques autres opuscules écrits sur cette matière.

Je ne sais si tous ceux qui ont pris part à cette belle fête en sont revenus croyants, mais, dans tous les cas, ils ont dû en revenir profondément édifiés et avec une moisson de souvenirs doux et consolants.

Nous emportâmes quelques simples trophées de notre pèlerinage, deux ou trois bouteilles pleines de l'eau de la source, quelques médailles et quelques fragments de la croix élevée au lieu où la sainte

Vierge, ont dit les pâtres, disparut à leurs regards.

Le soir nous étions à Corps, et le lendemain nous rentrions à Grenoble.

M. S.

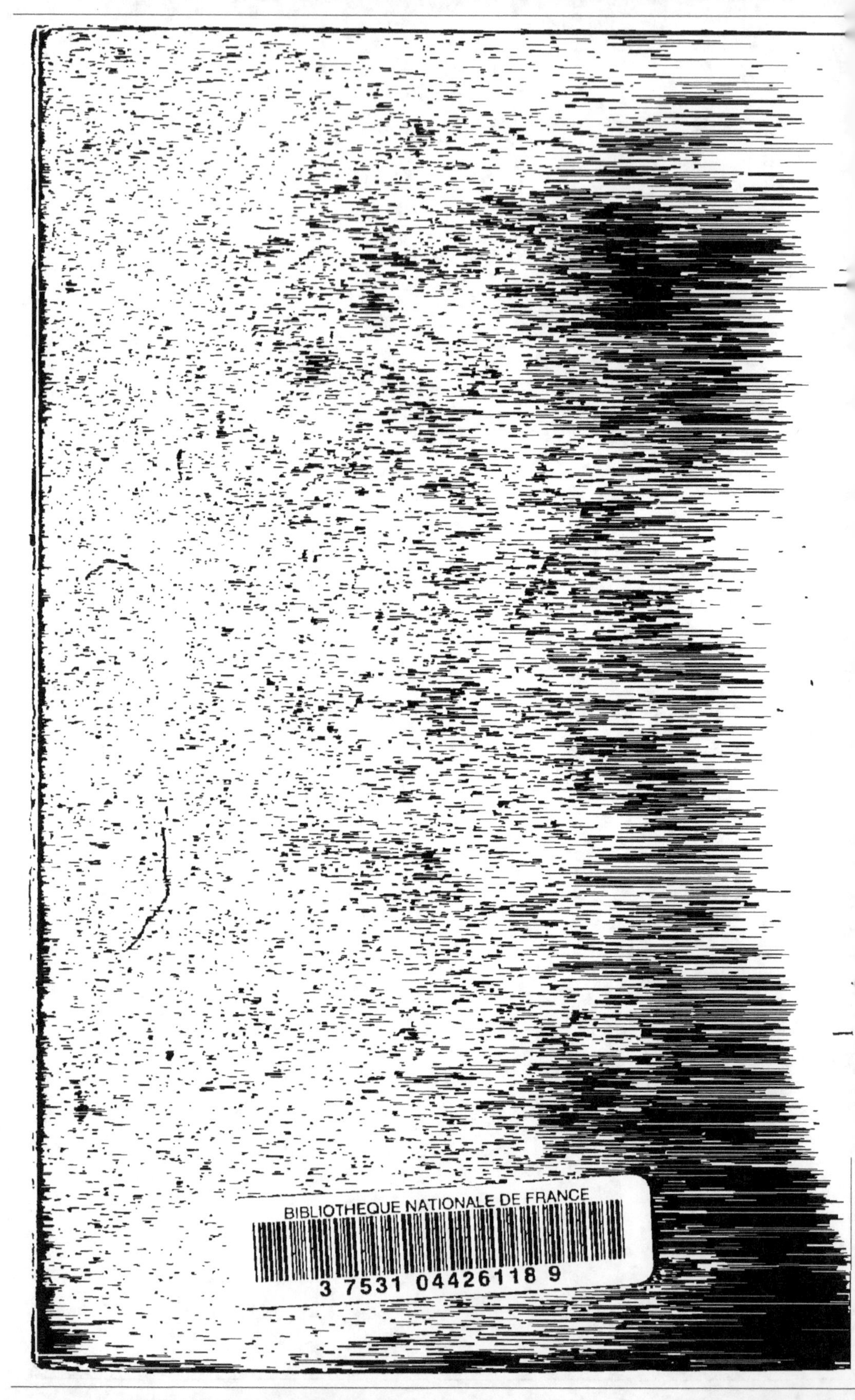

www.ingramcontent.com/pod-product-compliance
Lightning Source LLC
LaVergne TN
LVHW012300050726
842524LV00004B/1174